T 27
n 14623.

NOTICE
SUR MONTESQUIEU,

Par Fr. Riaux.

Extrait du Dictionnaire des Sciences philosophiques *.

MONTESQUIEU (Charles de Secondat, baron de la Brède, et de), naquit au château de la Brède, près de Bordeaux, le 18 janvier 1689. Il eut l'avantage, précieux et rare pour un homme destiné à devenir un grand écrivain, de naître dans une famille riche et noble. Son éducation fut soignée, et de bonne heure il annonça les facultés supérieures dont la nature l'avait doué. Dès l'âge de vingt ans, il faisait un extrait raisonné des volumes qui composent le corps du droit civil ; ces extraits, dans la suite, lui servirent pour composer l'*Esprit des lois*, et il est permis de supposer que dès cette époque il conçut le projet d'un grand ouvrage sur cette matière. Un oncle paternel, président à mortier au parlement de Bordeaux, lui laissa ses biens et sa charge, à laquelle il fut nommé le 13 juillet 1716. Il s'était marié en 1715, et eut deux filles et un fils. Il avait été reçu conseiller le 24 février 1714. En 1722, pendant la minorité du roi, sa compagnie le chargea de présenter des remontrances au ministère, à l'occasion d'un nouvel impôt qu'on voulait établir sur les vins. Montesquieu réussit momentanément à faire supprimer cet impôt ; mais le fisc le remplaça bientôt après par un autre.

Le goût de la littérature l'emportait chaque jour davantage chez Montesquieu sur les occupations arides que lui imposait sa charge. Le 3 avril 1716, il avait été nommé membre de l'Académie de Bordeaux, récemment créée. Il y lut quelques opuscules, entre autres une dissertation sur *la politique des Romains dans la religion*. Enfin, en 1721, à l'âge de trente-deux ans, il publia les *Lettres persanes*.

Le succès de ce livre fut prodigieux. Montesquieu d'abord ne l'avoua pas, de sorte que la curiosité publique en fut d'autant plus excitée. La forme légère de l'ouvrage, les questions fort graves et fort sérieuses

---

* Cinq volumes in-8°, chez L. Hachette et Cie, libraires à Paris, rue Pierre-Sarrazin, 12.

cependant qui y étaient agitées, tout concourait à en faire l'objet de l'attention générale. Mais ce fut un bien plus grand étonnement quand on sut que ce livre, qui joignait aux grâces et au badinage d'un roman la liberté d'esprit d'un penseur indépendant et solitaire, était l'œuvre d'un magistrat! Les impressions à ce sujet furent diverses, mais également vives. Dès ce moment les amis des idées nouvelles, les hommes dont les dernières années de la monarchie de Louis XIV avaient humilié et attristé le patriotisme, ceux qui aspiraient à un ordre de choses plus conforme à la dignité humaine et aux véritables intérêts de l'État, et qui voulaient une réforme sérieuse dans la législation et dans le gouvernement, ceux-là comprirent que le nouvel écrivain appartiendrait à leur cause. Par les mêmes motifs, le parti qui dominait à la cour, et qui dirigeait la politique du moment, déversa le blâme à profusion sur le magistrat étourdi et novateur, qui ne craignait pas de compromettre son nom et sa robe par d'irrévérencieuses critiques de la société et de la religion de son pays. Mais ce parti, tout-puissant dans les antichambres et dans les conseils de la couronne, n'avait en revanche aucune espèce de crédit sur l'opinion publique; et telle était déjà la force désorganisatrice et dissolvante du laisser-aller qui régnait partout, que la plupart des écrivains qui affichaient le plus hardiment l'esprit d'opposition trouvaient malgré cela des alliés fidèles et de chauds protecteurs parmi les membres les plus élevés et les plus considérables de l'aristocratie. Montesquieu d'ailleurs, par sa position personnelle et par ses relations dans le monde et à la cour, était un personnage tout autrement important qu'un simple homme de lettres à son début. L'occasion se présenta bientôt de tirer parti de ces avantages : il le fit en homme habile et résolu. La mort de M. de Sacy laissait un fauteuil vacant à l'Académie française; il s'agissait de le donner à Montesquieu. Les ennemis de celui-ci inquiétèrent la piété du cardinal de Fleury, au point que le ministre écrivit à l'Académie que jamais le roi ne donnerait son agrément à la nomination de l'auteur des *Lettres persanes*. Ainsi motivée, l'exclusion de Montesquieu devenait une injure, une injure d'autant plus vive et plus offensante, que sa position était plus élevée. Il le comprit parfaitement. Dès qu'il apprit cette décision, il se hâta de voir le ministre, et lui déclara que s'il n'avait pas cru devoir tout d'abord avouer les *Lettres persanes*, du moins il était loin d'en rougir. Il termina en le priant de vouloir bien prendre lui-même personnellement connaissance du livre incriminé. Cette assurance, cette franchise plurent au vieux cardinal. Il aimait peu à lire; il parcourut légèrement l'ouvrage tant attaqué, et se laissa séduire. Voltaire prétend, non sans vraisemblance, que l'édition offerte par Montesquieu au cardinal renfermait quelques cartons dans lesquels on avait adouci et corrigé les passages qui auraient pu paraître trop vifs. D'ailleurs les amis que Montesquieu avait à la cour, et en première ligne le maréchal d'Estrées, qui était lié avec lui d'une amitié toute particulière, le soutinrent chaleureusement. En définitive, l'élection fut autorisée, et Montesquieu reçu à l'unanimité le 24 janvier 1728, sans qu'on osât trop, remarque spirituellement M. Villemain, parler en le recevant de l'ouvrage même qui lui valait un titre si désiré.

L'amour de l'étude et du travail était devenu chez Montesquieu une véritable passion, que rien n'épuisa jamais. Deux ans avant d'entrer à l'Académie, il avait vendu sa charge et s'était voué exclusivement aux lettres et à la philosophie. Comme Descartes, il sentit la nécessité de visiter les diverses nations de l'Europe pour s'initier de plus près à leurs idées, à leurs mœurs, et pour voir en action, pour ainsi dire, le mécanisme de leurs législations respectives. Sa réputation, qui devait plus tard s'élever si haut, l'avait déjà précédé partout, et partout il fut accueilli d'une manière digne de lui. Il se rendit d'abord à Vienne, où il vit souvent le prince Eugène. Il poussa son excursion jusqu'en Hongrie, et passa de là en Italie. A Venise, il eut occasion de voir et d'entretenir le célèbre Law, bien déchu alors de son ancienne splendeur, mais toujours enthousiasmé de ses rêves financiers et de ses chimères économiques. Le commerce d'un pareil homme, dangereux peut-être pour un esprit médiocre ou faible, dut être pour la ferme et haute raison de Montesquieu un spectacle singulièrement instructif, et lui suggérer plus d'une de ces réflexions fécondes qui abondent dans l'*Esprit des lois.* A Rome, il se lia avec le cardinal Corsini, depuis pape sous le nom de Clément XII, et avec le cardinal de Polignac, l'auteur de l'*Anti-Lucrèce.* La vue des objets d'art qui encombrent les musées de Rome l'émut vivement. Il s'en retourna par Gênes, et traversa la Suisse. De là il suivit les bords du Rhin et s'arrêta quelque temps en Hollande. A La Haye, il retrouva lord Chesterfield, qu'il avait déjà connu à Venise, et qui lui proposa une place dans son yacht pour passer en Angleterre. Montesquieu accepta et s'embarqua le 31 octobre 1729. Cette fois il se trouvait au milieu d'une nation puissante par le commerce et par la politique, d'une nation où la loi seule était le maître absolu dont les commandements obtenaient le respect de tous. Il y avait là matière pour une intelligence aussi éclairée, pour le futur auteur de l'*Esprit des lois,* à de graves méditations. Aussi Montesquieu ne se contenta-t-il pas de visiter l'Angleterre comme il avait parcouru l'Allemagne ou l'Italie : il étudia profondément le génie de ce grand peuple, et surtout cette constitution politique qui a élevé si haut le nom anglais. Il y resta deux années entières, entouré de la considération la plus flatteuse de la part de l'aristocratie, et accueilli d'une manière éminemment bienveillante à la cour. La *Société royale de Londres* lui conféra le titre d'associé.

Après ce long pèlerinage à l'étranger, Montesquieu, riche d'observations de toutes sortes, revint dans sa patrie. L'Allemagne, disait-il, est faite pour y voyager, l'Italie pour y séjourner, l'Angleterre pour y penser, et la France pour y vivre, exprimant ainsi, sous la forme d'antithèses, les impressions générales qu'il avait gardées des divers pays de l'Europe qu'il avait parcourus. On lui prête cet autre mot qui a un sens analogue : « Quand je suis en France, disait-il, je fais amitié à tout le monde ; en Angleterre, je n'en fais à personne ; en Italie, je fais des compliments à tout le monde ; en Allemagne, je bois avec tout le monde. »

Pendant les deux années qui suivirent son retour en France, Montesquieu vécut retiré au château de la Brède, où il mit la dernière main aux *Considérations sur les causes de la grandeur et de la décadence des*

Romains, qui parurent en 1734. Cet ouvrage, le plus achevé qui soit sorti de sa plume, n'était, pour ainsi dire, qu'une partie détachée de celui qu'il préparait depuis de longues années, dont il avait fait le but de sa vie entière, et qu'il publia quatorze ans plus tard, en 1748, sous le titre de l'*Esprit des lois.* Ce beau livre, le plus solide monument, peut-être, qu'ait produit la philosophie française au xviiiᵉ siècle, avait occupé Montesquieu pendant plus de vingt ans. Avant de l'imprimer il crut devoir consulter Helvétius, qui était de ses amis intimes. Il lui envoya le manuscrit. Helvétius ne comprit rien à cette pensée vigoureuse qui s'exprime avec tant de calme, à cette modération dans les jugements qu'inspirait à Montesquieu une vue large et impartiale des plus grands événements de l'histoire. Sincèrement il crut que l'*Esprit des lois* diminuerait la gloire de l'auteur des *Lettres persanes,* et s'en exprima franchement avec lui. Mais Montesquieu avait appris à avoir confiance en son génie. Loin de se sentir troublé des craintes que lui manifestait Helvétius, il ajouta au livre cette fière épigraphe : *Prolem sine matre creatam !* « Quand j'ai vu, dit-il à la fin de la préface, ce que tant de grands hommes en France, en Angleterre et en Allemagne, ont écrit avant moi, j'ai été dans l'admiration, mais je n'ai point perdu le courage : Et moi aussi je suis peintre ! ai-je dit avec le Corrége. »

Cette noble confiance ne fut point trompée : le sentiment de sa force n'avait point égaré Montesquieu. Dans quelques salons où les livres sérieux étaient mis à l'index, chez madame du Deffand, par exemple, on dit bien que le nouvel ouvrage était de l'esprit sur les lois; mais la nouveauté des aperçus, l'abondance des idées, la fermeté constante de ce style qui met si heureusement chaque pensée en relief, et, par-dessus tout, cette pénétration si heureuse du sens de la politique et de la législation de tous les peuples, tant anciens que modernes, dont Montesquieu trace en maints endroits un tableau si frappant, tout contribua, dans l'*Esprit des lois,* a commander vivement l'admiration des hommes de goût et de savoir, de ceux qui, en définitive, dictent les arrêts de l'opinion publique. Le livre eut même un tel succès, que l'envie et l'esprit de parti se coalisèrent pour l'attaquer avec violence. Montesquieu, poussé à bout, écrivit la *Défense de l'Esprit des lois,* et ferma facilement la bouche à ses détracteurs et à ses adversaires. A dater de ce moment, sa gloire atteignit son apogée, et de Paris et de la France se répandit chez les nations étrangères. Un artiste attaché à la Monnaie de Londres, Dassier, vint même exprès à Paris en 1752 pour frapper sa médaille.

Afin d'échapper à la censure, l'*Esprit des lois* avait été imprimé à Genève, d'où il fut introduit facilement en France, en Angleterre et en Italie. En dix-huit mois on en fit vingt-deux éditions.

A l'éternel honneur de ce grand homme, la gloire qu'il recueillit de la publication de ses ouvrages ne l'éblouit pas et ne modifia en rien les simples habitudes de sa vie. Il aimait beaucoup Paris, où il était extrêmement recherché ; mais il ne se plaisait pas moins à son château de la Brède, où il continua, jusqu'à sa mort, de se livrer à l'étude avec une ardeur qui ne se ralentit ni ne se démentit jamais. Lié à Paris avec la plupart des gens de lettres, il évitait pourtant une trop grande intimité avec ce qu'on appelait le parti philosophique. L'affectation d'impiété ne plaisait pas à son esprit, auquel la réflexion et l'expérience avaient enseigné à apprécier la bienfaisante influence du christianisme, et la puissance du sentiment religieux dans l'accomplissement des devoirs sociaux. Voltaire, en particulier, était l'objet de son antipathie, et il le jugeait sévèrement. Il dit de lui dans ses pensées diverses : « Voltaire n'écrira jamais une bonne histoire. Il est comme les moines, qui n'écrivent pas pour le sujet qu'ils traitent, mais pour la gloire de leur ordre. Voltaire écrit pour son couvent. » Le mot est dur, d'autant plus dur qu'à un point de vue, il est vrai. Voltaire, de son côté, ne le ménageait pas beaucoup. Toutefois ce merveilleux génie avait un sentiment trop vif de la beauté littéraire pour ne pas rendre justice de temps en temps à Montesquieu. Ce fut lui qui dit cette belle parole sur l'*Esprit des lois :* « Le genre humain avait perdu ses titres ; M. de Montesquieu les a retrouvés et les lui a rendus. »

Les travaux assidus auxquels il s'était condamné pour composer l'*Esprit des lois* avaient affaibli ses forces physiques. Il se plaignait lui-même que ses lectures continuelles lui eussent presque ôté la vue. « Il me semble, disait-il avec cette sérénité d'âme admirable qui ne l'abandonna pas un instant, que ce qu'il me reste encore de lumière n'est que l'aurore du jour où mes yeux se fermeront pour jamais. » Peu après une fièvre l'emporta, à Paris, après treize jours seulement de maladie. Dans ses derniers moments, pas une plainte, pas un mouvement d'impatience ne lui échappa. Il expira le 10 février 1755, à l'âge de soixante-six ans, entouré de ses meilleurs et de ses plus tendres amis.

Montesquieu fut, de son propre aveu, un des hommes les plus heureux qui aient existé. Des facultés en parfait équilibre, des passions naturellement tempérées, nulle envie, nulle jalousie, nulle ambition, de l'indifférence pour ses détracteurs, tel était le fond de son esprit et de son caractère. Il n'en fallait pas tant pour lui rendre la vie douce et facile. Dans le monde et dans la conversation, il savait être à l'occasion tour à tour sérieux ou piquant, grave ou enjoué. Il disait lui-même qu'il n'avait jamais éprouvé de chagrins qu'une heure de lecture n'eût dissipés. On cite de lui des mots empreints de sel et de malice; mais son cœur y demeurait entièrement étranger. Les paysans de la terre de la Brède éprouvèrent souvent sa bienfaisance, ainsi que beaucoup d'autres personnes. Mais de toutes les bonnes actions qu'il fit, aucune peut-être n'atteste d'une manière plus marquée jusqu'à quel point le bonheur de répandre des bienfaits, sans aucune autre pensée que de faire le bien, était le mobile qui le poussait à agir, que l'histoire si connue et si célébrée de ce Marseillais, esclave à Tétouan, que la générosité de Montesquieu racheta des fers. En vrai héros de la bienfaisance, Montesquieu, reconnu un jour à Marseille, par le fils de cet homme, comme l'auteur de la délivrance de son père, persista à se dérober à la reconnaissance de cette famille. Ce ne fut qu'après sa mort, qu'une note de dépenses, oubliée dans ses papiers, mit sur la trace de ce beau trait, qui sans cela fût demeuré à jamais inconnu.

La liste des ouvrages de Montesquieu n'est pas très-longue. Ses principaux écrits, les seuls dont nous ayons à nous occuper ici, sont les suivants : 1° *Lettres persanes;* 2° *Considérations sur les causes de la grandeur des Romains et de leur décadence ;* 3° de *l'Esprit des lois.* A ce dernier ouvrage, et comme appendice, on peut joindre la *Défense de l'Esprit des lois.* Ses autres écrits, que nous nous bornerons à mentionner, sont : 1° Le *Temple de Gnide;* 2° Ses *Discours académiques ;* 3° quelques fragments sur des questions de physique et d'histoire naturelle ; 4° le *Dialogue de Sylla et d'Eucrate,* qui est une dépendance du livre sur la grandeur et la décadence des Romains ; 5° l'*Essai sur le goût,* qu'il fit pour l'*Encyclopédie,* à la sollicitation de d'Alembert, et où il déploie une analyse psychologique souvent intéressante, mais étrangère aux grandes questions de l'esthétique ; 6° *Arsace et Isménie,* petit roman dans le genre oriental ; 7° l'ébauche de l'éloge historique du maréchal de Berwick ; 8° ses *Pensées diverses,* remarquables à plus d'un titre ; 9° enfin ses *Lettres familières,* à plusieurs égards utiles et curieuses à consulter.

Les *Lettres persanes* eurent, comme nous l'avons dit, un incroyable succès. Le ton dégagé avec lequel l'auteur abordait sans préambule, et comme en passant, les plus graves questions, allait parfaitement à cette société blasée et affadie du xviii° siècle. Le style ferme, accentué, tranchait avec les écrits du temps. De plus, les malheurs de toute espèce qui étaient venus fondre, comme une effroyable tempête, sur le déclin du règne de Louis XIV, avaient habitué l'esprit public à la critique de tous les actes du gouvernement ; et par la liberté, on peut même dire la demi-licence de ses allures, l'auteur des *Lettres persanes* répondait à merveille à cette disposition générale de la société parisienne. On pressentait de tous côtés comme un souffle nouveau qui allait se lever sur la France ; tout ce qui semblait en harmonie avec ce besoin d'innovation et de critique était par cela même bien accueilli. Ajoutons qu'à cette époque (1721) aucun des grands ouvrages qui ont donné son caractère au xviii° siècle n'avait encore paru. Les *Lettres philosophiques* de Voltaire qui ont précédé la plupart de ses écrits en prose, et qui produisirent tant d'effet, ne virent elles-mêmes le jour qu'en 1735, quatorze ans après la publication des *Lettres persanes.*

Dans ce dernier écrit, malgré la frivolité du titre, il y a fréquemment des vues déjà dignes de l'auteur de l'*Esprit des lois,* par la netteté, la profondeur et la nouveauté. Quelques passages où il traite avec une raillerie fort transparente certains dogmes du christianisme, attestent encore la jeunesse de l'auteur qui, plus tard, dans l'*Esprit des lois,* sut rendre, en termes magnifiques, une éclatante justice à l'influence sociale de cette religion. Mais on peut déjà voir dans l'ensemble des *Lettres persanes* percer le génie ferme et éclatant dont elles étaient, en quelque sorte, la radieuse aurore.

Les *Considérations sur les causes de la grandeur et de la décadence des Romains* annoncèrent toute la force, sinon toute la plénitude du génie politique de Montesquieu. La France possédait enfin son Machiavel. Quoique, dans ce livre, l'auteur suive pas à pas les différentes phases de la grandeur et de la décadence du peuple romain, ce n'est nullement une histoire, mais plutôt un traité en quelque sorte pratique de haute politique. Montesquieu n'écrit pas, comme on l'avait fait souvent avant lui sur le même sujet, pour le plaisir de raconter ou de disserter, pour plaire et séduire. Bien qu'en fait de style, il soit, lui aussi, un grand artiste, son but est tout autre que celui de la plupart des historiens ou des hommes d'imagination. Il aspire à mettre à la portée de tout le monde les secrets de la politique du plus grand peuple qui fut jamais, du plus vaste empire qui se soit formé des rivages de l'Atlantique aux plaines de l'Euphrate et du Tigre. C'était là ce qu'il y avait de neuf et d'attachant dans les *Considérations*. La netteté, la hardiesse des jugements, l'indépendance entière, simple et noble de la pensée, étaient aussi comme autant de grands exemples et de grandes leçons que Montesquieu offrait à ses contemporains. Les faits qu'il raconte, ou plutôt qu'il signale, ne sont pour lui que l'occasion de mettre en relief les causes qui les ont produits, les résultats auxquels ils ont abouti; et bien qu'en apparence il ne s'agisse que du peuple romain, on reconnaît à chaque instant qu'il pense sans cesse à l'Europe et surtout à la France. De temps en temps, quelques mots, vifs comme des éclairs, ramènent inopinément l'attention vers l'époque moderne, vers les préoccupations du jour. On sent à chaque page que l'homme qui trace de si haut, et d'une façon si digne et si magistrale, les progrès ou le déclin de la politique romaine, regarde ce spectacle comme l'enseignement suprême des peuples et des rois. Dès le début du livre, il énonce ces aphorismes profonds et sévères qui sont le caractère le plus marqué de son style. Celui-ci, par exemple, se trouve déjà dans le chapitre premier, où il n'est pas le seul : « Car, comme les hommes ont eu dans tous les temps les mêmes passions, les occasions qui produisent les grands changements sont différentes, mais les causes sont toujours les mêmes. » Son vaste coup d'œil ne laisse rien échapper, soit qu'il s'agisse de démêler les fils les plus déliés de cette politique intérieure de Rome, où la lutte éternelle du patriciat et des classes populaires aboutit, après mille orages, au principat d'Auguste; soit qu'au contraire il veuille dévoiler l'action, tantôt ouverte et audacieuse, tantôt habilement souterraine, de ce sénat qui soumit successivement au joug d'une seule ville, d'abord tous les peuples de l'Italie, et bientôt tous les peuples du monde; glorieuse assemblée, qui réalisa dans l'antiquité le dessein dans lequel échoua l'ambition du César moderne, et qui sut faire de la Méditéranée un simple lac romain.

Dans le portrait des divers personnages qu'il met en scène, Montesquieu déploie une vigueur de pinceau, une puissance de coloris qui rendent l'existence et la vie à ces physionomies antiques, ombres d'un univers écroulé. Ces grandes et majestueuses figures des Scipion et des Annibal, des Sylla et des Marius, des Pompée et des César, apparaissent là comme ranimées par un souffle créateur, vivantes une seconde fois de toute la puissance des idées et des passions qui ont jadis fait leur gloire, leurs vertus ou leurs crimes. Son langage étincelant et pittoresque les frappe en relief mieux que sur du bronze ou du marbre. Il ne les dessine pas; il les fait se mouvoir et agir. On les voit, on les entend, on lit dans le plus profond de leur âme.

On a critiqué sur quelques points le savoir historique de Montesquieu. On l'a critiqué surtout dans l'*Esprit des lois*. Mais ce qui importe dans ce dernier ouvrage, comme dans les *Considérations sur les causes de la grandeur et de la décadence des Romains*, ce n'est pas l'érudition de l'auteur, laquelle était pourtant, quoi qu'on en ait dit, fort considérable ; ce sont ses jugements, ses aperçus, et par-dessus tout son esprit, essentiellement et prudemment novateur, parce qu'il ne s'en rapporte qu'à lui-même des opinions qu'il doit se faire des hommes et des événements. Aussi sa pensée a-t-elle la grandeur d'aspects et l'élévation de Bossuet, avec quelque chose de plus simple, de moins pompeux et de moins oratoire, quelque chose enfin de plus positif qui sent son homme d'Etat. C'est plutôt la manière de Machiavel, avec l'étendue d'esprit qui manquait au Florentin, et en moins la morale fausse et viciée du siècle des Borgia.

Le *Dialogue de Sylla et d'Eucrate*, qui est comme un appendice des *Considérations*, respire une sombre énergie, je ne sais quoi de froid, d'impitoyable et de farouche en même temps, qui a dû en effet être l'âme même de ce dictateur, qui ne recula devant aucune violence pour devenir le maître, et qui fut ensuite assez audacieux pour abdiquer, après tant de sanglantes victoires, en face et au milieu des familles de ses victimes. On sent respirer dans ces quelques pages comme un reflet des passions inexorables qui animaient les orgueilleux patriciens de la vieille Rome, patriotes à la fois égoïstes et fanatiques, pour lesquels la patrie et les priviléges de leur ordre ne faisaient qu'un tout indivisible, au prix duquel le reste de l'univers n'était rien. Qui sait ce que la vue du gouvernement mystérieux de Venise, le plus ancien gouvernement de l'Europe avant que la main de Bonaparte l'eût jeté par terre, qui sait, dis-je, ce que la vue de cette petite oligarchie, qui se perpétuait depuis tant de siècles, a pu fournir de lumières à Montesquieu pour comprendre le génie profondément politique et les passions de l'aristocratie romaine, si semblable à beaucoup d'égards à l'aristocratie anglaise, et dont il semblerait que les plus secrètes archives, les plus intimes délibérations ont été mises sous les yeux de l'auteur des *Considérations sur les causes de la grandeur et de la décadence des Romains?*

Mais l'œuvre capitale du génie de Montesquieu, c'est l'*Esprit des lois.* Là on le retrouve tout entier avec l'élévation spéculative qui fait de lui un grand penseur, un philosophe éminent, et cette puissance de traduire ses idées en préceptes et en aphorismes législatifs qui le range au premier rang parmi les publicistes. Le *Contrat social* a été l'évangile politique de la révolution de 1789. L'*Esprit des lois* a surtout inspiré et dirigé la pensée des hommes d'Etat français depuis la fin des guerres de l'Empire.

Cela ne veut pas dire toutefois que le xviiie siècle a vu avec indifférence l'*Esprit des lois*; mais l'esprit de tolérance, de modération, d'impartialité qui y domine, n'était guère en rapport avec les passions de l'époque. Il devançait de trois années seulement l'apparition des premiers volumes de l'*Encyclopédie.* On peut juger par ce seul fait de l'état où il trouvait l'opinion. D'un côté, les défenseurs de la vieille monarchie, avec son cortége de lois féodales; de l'autre, les promoteurs ardents d'innovations radicales : tels étaient les deux camps, de plus en plus ennemis l'un de l'autre, qui se partageaient la France. Les terribles événements qui, plus tard, devaient guérir, au prix de tant de ruines, les folles illusions de tout le monde, n'étaient alors soupçonnés par personne : la guerre des pamphlets était encore la seule qui alimentât cette lutte intestine. Les livres d'un tempérament éclectique, comme l'*Esprit des lois,* s'adressaient à une sphère de sentiments trop élevés, d'opinions trop désintéressées, pour agir efficacement sur le courant d'idées qui emportait et passionnait alors toutes les intelligences, la cour et la ville, Paris et la province.

Mais si l'*Esprit des lois* n'excita pas l'émotion qu'avaient causée les *Lettres persanes*, il marqua du moins, dans l'histoire de la pensée humaine, une des grandes dates du xviiie siècle. Comme la statue dont parle Bacon, qui, sans marcher elle-même, indique du doigt la route, l'*Esprit des lois* posait sous tous leurs aspects les problèmes politiques dont la solution préoccupait tout le monde, tous ceux du moins auxquels l'avenir apparaissait incertain et couvert de sombres nuages. Il s'adressait aux hommes de raison et d'expérience, aux hommes d'Etat et aux penseurs. Il laissait dans l'ombre le côté idéal et purement métaphysique de la politique; et, par cette sagesse même, échappait aux entraînements de la foule qui ne veut pas être éclairée, mais émue. C'est sans doute ce qu'entrevit merveilleusement J.-J. Rousseau lorsque, quatorze ans plus tard, il reprenait, dans le *Contrat social*, l'œuvre à peine ébauchée par Bodin et par La Boëtie, et versait sur le sujet le plus ardu et le plus délicat les torrents de sa dialectique enflammée. Moins réservé que Montesquieu, amoureux jusqu'à l'excès de la popularité, Rousseau ne craignait pas de parler en ces terribles matières le langage de la passion, et d'employer sans mesure les artifices irrésistibles d'une rhétorique consommée. Aussi Rousseau fit de nombreux disciples; il créa véritablement une école et un parti dont la *Déclaration des droits de l'homme* fut l'expression et le drapeau. Montesquieu n'obtint que l'admiration des sages et des esprits cultivés, et l'*Esprit des lois* resta ignoré du peuple. Et cependant, chose triste à dire! la sérénité même avec laquelle Montesquieu résolvait les problèmes qu'il agitait mécontenta ceux qui de son temps occupaient les avenues du pouvoir, ceux qui auraient dû se faire de ses idées un guide et un rempart tout à la fois. L'*Esprit des lois* fut violemment attaqué par les amis du vieil ordre de choses; les critiques et les commentaires, ou sots ou malveillants, affluèrent. Montesquieu subit sans rémission les inconvénients de la grandeur; et l'auteur de l'*Esprit des lois* se résigna à en écrire la *Défense*. Cette fois, enfin, les petites passions se turent.

Pour bien apprécier un livre comme l'*Esprit des lois*, il faut se reporter à ce qu'était alors la science du droit et de la politique. On sait les travaux juridiques des grandes écoles de Bologne, de Bourges et de Toulouse; on se rappelle les réformes administratives et judiciaires de Louis XIV. A côté de ces faits, produits visibles de l'étude du droit, il faut placer le mouvement d'idées dû aux écrits de Bodin et de La Boëtie, de Machiavel, de Grotius et de Puffendorf, et même à ceux de l'abbé de Saint-Pierre et de d'Aguesseau. Dans tous ces travaux, dont quelques-uns sont si précieux, si admirables à plusieurs égards, ce qui se fait constamment regretter, ce qui manque toujours, c'est un point de vue général. La science des faits et des textes avait été poussée aux dernières limites de l'exactitude; elle était ce qu'avait dû la faire la merveilleuse érudition française du xvie siècle. Mais le principe générateur des législations, le fil conducteur qui seul pouvait expliquer tant de

★★

diversités et de contradictions parmi les lois, personne n'avait songé à le mettre en lumière, à le dégager de la multitude des arrêts et des ordonnances, à le faire surgir de la poussière des codes. Or, c'était de principes et de généralités surtout qu'avait soif le xviii⁰ siècle. Il y tendait d'autant plus, que jamais siècle ne poussa plus loin le mépris et le dédain de l'histoire et de l'érudition. Sous ce rapport, il continuait fidèlement Descartes et Pascal.

La voie restait donc ouverte à Montesquieu. Sa manière de comprendre et d'éclairer le passé (non comme on l'avait fait trop souvent par le stérile récit des siéges et des batailles, mais par l'intelligence des institutions civiles et politiques) et son goût pour les formules sentencieuses et hardies lui rendaient la tâche plus facile qu'à tout autre. Tout, en un mot, l'avait préparé, sans toutefois que personne en particulier fût littéralement son précurseur. Avec la perspicacité du génie, il vit le but, il le chercha, et il eut le droit de dire avec orgueil et avec vérité de son livre : *Prolem sine matre creatam*.

L'*Esprit des lois* est divisé en trente et un livres, divisés eux-mêmes en un nombre variable de chapitres. En général, Montesquieu rapproche les divisions; c'est sans doute ce qui explique l'extrême brièveté de certains chapitres de l'*Esprit des lois* qui forment à peine chacun un très-court alinéa.

Le but de l'auteur, dans cet ouvrage, n'est point d'exposer un plan de gouvernement, ni un système de législation, ni la description d'une société idéale; il ne songe à recommencer ni l'œuvre de Platon, ni celle d'Aristote, ni celle de Thomas Morus. Son but, à la fois spéculatif et pratique, est celui-ci : Etant donnée la nature humaine, avec ses conditions variables d'existence dans le temps et dans l'espace, comment la diriger politiquement et civilement pour que les hommes soient le plus heureux possible et accomplissent le mieux leur destinée ? Voilà en réalité, mais caché sous des formes de langage habilement et infiniment variées, le problème général qu'agite Montesquieu. On voit que s'il a pu et que s'il a dû profiter des travaux des grands philosophes et des grands politiques qui l'ont précédé, son but est bein autrement étendu. C'est là ce qui rend un exposé analytique de son livre si difficile à faire; car on est certain de laisser dans l'ombre quelque côté important d'un aussi vaste tableau. Les perspectives semblent s'y multiplier à mesure qu'on s'y arrête davantage; et les horizons, comme ceux de la mer, s'y élèvent et s'y succèdent à l'infini, à mesure qu'on s'imagine les atteindre et les toucher.

Quoique la métaphysique pure soit absente de l'*Esprit des lois*, il était impossible à l'auteur de ne pas signaler, au moins en quelques mots, les principes d'où il part, et qui sont impliqués dans tout le cours de l'ouvrage. C'est aussi par là qu'il débute. Le livre premier, intitulé *Des lois en général*, se divise en trois chapitres qui ont pour titre, le premier : *Des lois dans le rapport qu'elles ont avec les divers êtres ;* le deuxième : *Des lois de la nature;* le troisième : *Des lois positives.* Dans le premier chapitre, Montesquieu donne des lois cette définition célèbre : « Les lois, dans la signification la plus étendue, sont les rapports nécessaires qui dérivent de la nature des choses ; et, dans ce sens, tous les êtres ont leurs lois : la Divinité a ses lois, le monde matériel a ses lois, les intelligences supérieures à l'homme ont leurs lois, les bêtes ont leurs lois, l'homme a ses lois. » Partant de cette définition profonde qui exclut toute idée d'un fondement artificiel et arbitraire à l'établissement et à la conservation des sociétés, Montesquieu pose, presque comme un fait évident de soi-même, l'existence de Dieu et le gouvernement de la Providence, « en vertu duquel, dit-il (devançant presque dans les termes mêmes la célèbre formule de Hegel), chaque *diversité* est *uniformité*, chaque *changement* est *constance*. » Dans le chapitre second, il prend corps à corps la théorie de Hobbes sur l'état de nature, et la nie radicalement. Loin de supposer que les hommes, pour se réunir en société, aient eu besoin d'une délibération, d'un contrat explicite, il déclare, au contraire, que dans l'état sauvage chaque homme sentant sa faiblesse, chacun aussi se sent inférieur, et à peine se sent-il égal ; que, loin de chercher à s'attaquer, on se cherche pour se connaître, parce que le désir de vivre en société est un besoin de l'homme ; que, par conséquent, l'état de paix est le premier moment de l'état social. Dans le troisième chapitre, il établit que les hommes perdent le sentiment de leur faiblesse sitôt qu'ils sont en société, que l'égalité de la crainte fait place au sentiment des passions diverses et inégales qui les excitent, et que c'est là ce qui donne lieu à l'état de guerre, lequel n'est ainsi qu'une conséquence de l'état de société, loin de lui servir de fondement. De là la nécessité des lois pour régler le *droit politique* et le *droit civil*, que Montesquieu ne sépare pas l'un de l'autre, et enfin pour régler le *droit des gens* ; car « la loi, en général, est la raison humaine, en tant qu'elle gouverne tous les peuples de la terre ; et les lois politiques et civiles de chaque nation ne doivent être que les cas particuliers où s'applique cette raison humaine.» Il ajoute immédiatement, comme une conséquence de ce qu'il vient de dire : « Elles doivent être tellement propres au peuple pour lequel elles sont faites, que c'est un très-grand hasard si celles d'une nation peuvent convenir à une autre. » Admirable réponse, par anticipation, à ces tristes hommes d'État qui croient que le passé peut servilement se refaire, et qui s'imaginent qu'on peut, à son gré, tailler un peuple sur le patron tantôt des Grecs et des Romains, tantôt de la société féodale du XIIe siècle, et tantôt de la société anglaise ou américaine ; oubliant que le peuple qui cesse d'être lui-même, cesse bientôt de garder son individualité sur la carte du monde !

Telle est, pour ainsi dire, l'introduction de l'*Esprit des lois*. Montesquieu y marque, avec la vigueur noble et élevée de langage qui lui est habituelle, ces deux vérités, très-contestées de son temps, sur lesquelles il croit que doit reposer l'édifice social : 1° le principe que les lois doivent être conformes à la nature des choses ; et, partant, que les législations humaines ne doivent pas plus être arbitraires ni artificielles que les faits humains ou sociaux qu'elles ont mission de diriger et d'organiser ; 2° cet autre principe que, s'il y a de l'absolu au fond des choses ; si, par conséquent, il doit y en avoir aussi dans les lois, pourtant il y a aussi de la variété, de la diversité ; que cette variété est assez grande pour empêcher que de bonnes lois, faites pour une nation, puissent convenir entièrement à une autre nation. Montesquieu s'éloigne ainsi, et d'un seul coup, par ce dernier principe, de tous les théoriciens de l'utopie et du radicalisme, pour lesquels les faits et les circonstances particulières n'existent pas ; et qui, considérant les individus et les peuples comme des unités abstraites, construisent des édifices, dans le genre du *Contrat social*, sans aucun rapport visible avec les conditions de l'espace et du temps, et précipitent les imaginations populaires dans l'océan sans bornes des chimères, dans le monde fantastique des rêves, au lieu d'éclairer la voie si difficile et si étroite de la réalité, au lieu de préparer les éléments du progrès mesuré et durable.

Il est permis de regretter que Montesquieu n'ait pas insisté davantage sur ces principes préliminaires. Jamais, sans doute, l'*Esprit des lois* ne fût devenu un livre populaire, jamais il n'aurait eu la fortune du *Contrat social*; mais peut-être, s'il eût mis dans une lumière plus éclatante encore l'opposition de son point de départ avec celui des utopies et des doctrines du radicalisme, Montesquieu aurait-il exercé une influence plus marquée et plus efficace sur les intelligences si nombreuses que la simplicité apparente des théories abstraites séduit toujours, et qui se tournèrent naturellement de la doctrine de Hobbes à celle de J.-J. Rousseau.

Quoi qu'il en soit, après ce début, Montesquieu traite, dans le deuxième livre, *des lois qui dérivent de la nature du gouvernement.* Il distingue trois espèces de gouvernement, le *républicain*, le *monarchique*, et le *despotique*. « Le gouvernement *républicain* est celui où le peuple en corps, ou seulement une partie du peuple, a la souveraine puissance ; le *monarchique*, celui où un seul gouverne, mais par des lois fixes et établies ; au lieu que, dans le *despotique*, un seul, sans loi et sans règle, entraîne tout par sa volonté et par ses caprices. » Il détermine ensuite en particulier le caractère essentiel des lois propres à chacune de ces espèces de gouvernement, et indique à quel point de vue il faut se placer pour faire de bonnes lois politiques et civiles, sous la république, la monarchie, ou l'autocratie. « Le peuple, dans la démocratie, est à certains égards le monarque ; à certains autres, il est le sujet. La volonté du souverain y est le souverain lui-même. Les lois qui établissent le droit de suffrage sont donc fondamentales dans ce gouvernement. » Le peuple nomme ses magistrats : la publicité du scrutin est donc nécessaire dans une démocratie. C'est l'inverse dans une république aristocratique, comme à Venise. L'aristocratie peut être un élément utile dans une république. Plus une aristocratie approchera de la démocratie, plus elle sera parfaite ; elle le deviendra moins à mesure qu'elle approchera de la monarchie.

Les pouvoirs intermédiaires, subordonnés et dépendants, constituent la nature du gouvernement monarchique, de celui où un seul gouverne par des lois fondamentales ; car s'il n'y a dans l'État, pour tout régir, que la volonté momentanée et capricieuse d'un seul, rien ne peut être fixe, et, par conséquent, aucune loi n'est fondamentale. Le pouvoir intermédiaire le plus naturel est celui de la noblesse. Sans elle, on tombe dans le despotisme ou dans la démocratie. Le clergé, comme institution politique, peut avoir une place utile dans une monarchie.

Le gouvernement despotique, c'est l'État réduit à un seul homme, à sa capacité personnelle, avec ses chances de grandeur et de petitesse. La seule loi fondamentale d'un pareil Etat, c'est l'établissement d'un vizir.

Passant ensuite, dans le livre troisième, à la discussion du principe des trois gouvernements, Montesquieu prétend « qu'il y a cette différence entre la nature du gouvernement et son principe, que sa nature est ce qui le fait être tel, et son principe, ce qui le fait agir. L'une est sa structure particulière, et l'autre les passions humaines qui le font mouvoir. » Dans l'Etat populaire, la *vertu* est le principe fondamental. Lorsque les lois ont cessé d'y être exécutées, comme cela ne peut venir que de la corruption de la république, l'Etat est déjà perdu. Il faut également de la vertu dans le gouvernement aristocratique, quoiqu'elle y soit moins nécessaire. Dans l'Etat monarchique, les lois tiennent la place de toutes les vertus républicaines. « Une action qui se fait sans bruit y est, en quelque façon, sans conséquence.... Dans la république, les crimes privés sont plus publics, c'est-à-dire choquent plus la constitution de l'Etat que les particuliers ; et dans les monarchies, les crimes publics sont plus privés, c'est-à-dire choquent plus les fortunes particulières que la constitution de l'Etat même.... L'*honneur*, c'est-à-dire le préjugé de chaque personne et de chaque condition, prend, dans la monarchie, la place de la vertu politique, et la représente partout. »

Ce n'est point l'*honneur* qui est le principe des Etats despotiques : les hommes y étant tous égaux, on n'y peut se préférer aux autres ; les hommes y étant tous esclaves, on n'y peut se préférer à rien. L'honneur se fait gloire de mépriser la vie, et le despote n'a de force que parce qu'il peut l'ôter. Voilà pourquoi la *crainte* est le principe du gouvernement despotique. La vertu n'y est point nécessaire, et l'honneur y serait dangereux. L'homme n'y est qu'une créature qui obéit à une créature qui veut.

Pour que l'Etat garde ses lois et demeure stable, il faut que les citoyens y soient élevés conformément à la nature même du gouvernement qui y est établi. De là la nécessité des lois sur l'éducation dont il est parlé dans le quatrième livre. Elles sont les premières que nous recevons. La principale éducation que les hommes reçoivent, Montesquieu le reconnaît d'ailleurs, ce n'est pas dans les maisons publiques où l'on instruit l'enfance, c'est lorsqu'ils entrent dans le monde. Cela est vrai surtout des monarchies, où l'*honneur* ne s'apprend que dans le monde. Dans les républiques, il faut que l'éducation, plus qu'ailleurs, inspire l'amour de la patrie. Car « ce n'est point le peuple naissant qui dégénère ; il ne se perd que lorsque les hommes faits sont déjà corrompus. » Dans ce livre, et c'est ce qui en fait l'originalité, Montesquieu a pour but d'indiquer, non ce qui fait l'homme vertueux, mais ce qui fait le bon citoyen, qu'il s'agisse d'une république ou d'une monarchie.

Passant ensuite aux autres lois, il établit d'une manière générale dans le livre v, que les lois doivent toutes être relatives au principe du gouvernement. Dans le suivant, il indique les conséquences des principes des divers gouvernements, par rapport à la simplicité des lois civiles et criminelles, la forme des jugements et l'établissement des peines. Il déploie dans ces deux livres, sur mille points très-importants, une justesse et une étendue de pensée qui saisit

d'admiration. Dans le livre VII, il montre les conséquences des diffé-
rents principes des trois gouvernements, par rapport aux lois somp-
tuaires, au luxe et à la condition des femmes. Il énonce, sur le premier point des idées trop étroites, mais supérieures néanmoins aux
vieilles théories contre le luxe. On sait qu'il a fallu les merveilles de
l'industrie moderne pour réhabiliter l'usage des objets de luxe dans
l'esprit de beaucoup de gens. Comme conclusion des recherches précédentes, le livre VIII est consacré à l'examen des causes et des re-
mèdes de la corruption des principes des trois gouvernements. Ici re-
paraît avec force et avec un certain éclat l'esprit de modération de
Montesquieu. « Le principe de la démocratie se corrompt, dit-il, non-
seulement lorsqu'on perd l'esprit d'égalité, mais encore quand on
prend l'esprit d'égalité extrême, et que chacun veut être égal à ceux
qu'il choisit pour lui commander. » Il développe cette thèse et fait sentir
admirablement la ligne qui sépare la liberté de la licence, la démocratie de la démagogie. Il montre à merveille que ce qui perd la monarchie, c'est l'affaiblissement des pouvoirs intermédiaires, affaiblissement qui conduit presque toujours à un gouvernement radical et absolu,
tantôt monarchique et tantôt démocratique et démagogique. Quant au
gouvernement despotique, son principe, dit Montesquieu, se corrompt
sans cesse, parce qu'il est corrompu par sa nature. Comme on retrouve
dans cette réflexion, aussi amère que méprisante, le dédain de l'homme
qui a donné (liv. v, c. 13) du despotisme cette définition si élo-
quemment laconique : « Quand les sauvages de la Louisiane veulent
avoir du fruit, ils coupent l'arbre au pied, et cueillent le fruit. Voilà le
gouvernement despotique. »

Passant ensuite à un autre ordre d'idées, Montesquieu s'occupe, dans
le livre IX, des lois dans le rapport qu'elles ont avec la force dé-
fensive, et, dans le livre X, des lois dans le rapport qu'elles ont
avec la force offensive. Il traite là, en passant, du droit de la guerre
et du droit de conquête, et s'élève avec force contre le prétendu droit
de réduire les vaincus en servitude. Le chapitre 14, consacré à Alexan-
dre, est un des plus beaux et des plus entraînants qu'il ait écrits.

Les livres XI et XII ont pour objet les lois qui forment la liberté politique dans son rapport avec la constitution, et les lois qui
forment la liberté politique dans son rapport avec le citoyen.

Tout le monde sait les discussions auxquelles a donné lieu la définition de la liberté politique. Voici celle que propose Montesquieu (liv. XI,
c. 3 et 4) : « La liberté politique ne consiste point à faire ce que l'on
veut. Dans un Etat, c'est-à-dire dans une société où il y a des lois, la
liberté ne peut consister qu'à pouvoir faire ce que l'on doit vouloir, et
à n'être point contraint de faire ce que l'on ne doit pas vouloir. La liberté est le droit de faire tout ce que les lois permettent; et si un citoyen
pouvait faire ce qu'elles défendent, il n'aurait plus de liberté, parce que
les autres auraient tous de même ce pouvoir. » — « La démocratie
et l'aristocratie ne sont point des Etats libres par leur nature. La
liberté politique ne se trouve que dans les gouvernements modérés,
mais elle n'est pas toujours dans les Etats modérés : elle n'y est que
lorsqu'on n'abuse pas du pouvoir; mais c'est une expérience éternelle
que tout homme qui a du pouvoir est porté à en abuser : il va jusqu'à ce

qu'il trouve des limites. Qui le dirait? la vertu même a besoin de limites! »

Au chapitre 1er du livre xii, il dit que le citoyen pourra être libre et la constitution ne l'être pas, et il montre au chapitre 2, que c'est de la bonté des lois criminelles que dépend principalement la liberté du citoyen.

Le livre xiii, qui est comme un appendice des deux précédents, traite des rapports que la levée des tributs et la grandeur des revenus publics ont avec la liberté. Le livre xiv a pour objet la célèbre question des lois dans le rapport qu'elles ont avec la nature du climat. Malgré le ton absolu de quelques phrases, nous n'avons pas besoin de dire qu'ici Montesquieu ne donne nullement lieu au reproche de matérialisme qui lui fut adressé par quelques critiques plus passionnés et plus malveillants qu'éclairés. Il continue dans les livres xv, xvi, xvii et xviii, de discuter l'influence du climat et du terrain sur les lois qui régissent l'esclavage civil, l'esclavage domestique et la servitude politique. Le chapitre 5 du livre xv, sur l'esclavage des nègres, est un chef-d'œuvre d'ironie : il est impossible de stigmatiser avec une indignation plus amère et plus dédaigneuse la doctrine des partisans de l'esclavage des noirs.

Les livres xix, xx, xxi, xxii et xxiii traitent des lois dans le rapport qu'elles ont avec les principes qui forment l'esprit général, les mœurs et les manières d'une nation, le commerce, la monnaie et le nombre des habitants. Tout n'est pas irréprochable dans les théories économiques de Montesquieu, il s'en faut; mais, quand on se reporte à l'époque où il publia l'*Esprit des lois*, on est étonné de la force avec laquelle il sut secouer un grand nombre de préjugés fort enracinés au milieu du xviiie siècle, et qui avaient presque la valeur d'axiomes. Sur ce point comme sur tout le reste, sa liberté d'esprit est entière; et s'il se trompe quelquefois, le plus souvent ses idées sont fort en avant de celles de ses contemporains. Ce qu'il dit du commerce et de son importance dans la vie d'une nation, du respect qui est dû à ses intérêts, n'était ni sans valeur ni sans nouveauté, à cette époque de préjugés aristocratiques.

Le livre xxiv a pour objet les lois dans le rapport qu'elles ont avec la religion établie dans chaque pays, considérée dans ses pratiques et en elle-même. Il y examine les diverses religions par rapport au bien que l'on en peut tirer dans l'état civil et politique. Il pose parfaitement le problème politique de l'utilité des religions en ces termes : « La question n'est pas de savoir s'il vaudrait mieux qu'un certain homme ou qu'un certain peuple n'eût point de religion, que d'abuser de celle qu'il a; mais de savoir quel est le moindre mal, que l'on abuse quelquefois de la religion, ou qu'il n'y en ait point du tout parmi les hommes. » La question ainsi posée est résolue par les enseignements de l'histoire. Il est curieux de rapprocher cette opinion de l'auteur des *Lettres persanes*, mûri par l'étude, par l'âge et par l'expérience, des attaques multipliées dont les religions en général, et le christianisme en particulier, étaient alors l'objet de la part de presque tous les écrivains du temps. Personne assurément ne peut mettre en doute l'indépendance entière de pensée de Montesquieu. Cette partie de *l'Esprit des lois* atteste combien cette haute intelligence savait, à l'occasion, se

dégager de toutes les minces préoccupations du jour, et se défendre
même des plus communes passions de son siècle. C'est dans le livre xxiv
(c. 3) que, développant les avantages de la religion chrétienne pour
fonder et pour soutenir un gouvernement modéré, il s'écrie : « Chose
admirable ! la religion chrétienne, qui ne semble avoir d'autre objet
que la félicité de l'autre vie, fait encore notre bonheur dans celle-ci. »
On comprend alors pourquoi l'homme qui a tracé ces lignes eut peu
de sympathie pour les encyclopédistes ; et comment, tout en restant,
dans toute l'acception du mot, un libre penseur, il ne voulut jamais
asservir sa plume ni ses idées au joug de ce qu'on appelait le parti
philosophique, dont Voltaire s'appelait le patriarche.

Le livre xxv, intitulé *Des lois dans le rapport qu'elles ont avec l'établissement de la religion de chaque pays et sa police extérieure*, est comme
le développement et l'application des idées contenues dans le livre pré-
cédent ; il y est question des temples, des ministres de la religion, des
monastères, de l'inquisition ; et, sur chacun de ces points, Montesquieu énonce sa pensée avec une franchise entière, mais sans rien
dire qui rappelle le ton épigrammatique des *Lettres persanes*.

Après avoir ainsi parcouru la série de problèmes qui touchent à l'é-
tablissement des sociétés et au maintien des gouvernements, Montesquieu aborde quelques questions d'un caractère général encore, mais
moins universel que les questions précédentes. Dans le livre xxvi, il
s'occupe des lois dans le rapport qu'elles doivent avoir avec l'ordre des
choses sur lesquelles elles statuent ; il s'y occupe de bien distinguer les
lois divines des lois humaines, et de marquer sur plusieurs points la
limite morale qui est imposée au pouvoir du législateur. On retrouve,
en parcourant ce livre, l'application constante de l'un des premiers
principes proclamés par Montesquieu au début de l'*Esprit des lois*, à
savoir, que rien n'est arbitraire dans la société, et, partant, que les lois,
loin d'aller contre les rapports naturels des choses, doivent, au contraire, les reproduire le plus complétement possible.

Après avoir ainsi fait la théorie à peu près complète des principes
qui doivent présider à la législation politique et civile de tous les gouvernements, quelle que soit d'ailleurs leur forme extérieure, Montesquieu en appelle à l'histoire des diverses législations du moyen âge
pour expliquer certaines particularités des législations modernes. Dans
le livre xxvii, il traite de l'origine et des révolutions des lois des Romains sur les successions, et dans le livre xxviii, de l'origine des révolutions des lois civiles chez les Français. Enfin, dans le livre xxix,
il traite de la manière de composer les lois, donnant ainsi, comme épi-
logue, en quelque sorte, la théorie même de la théorie. Ce livre aboutit
à un très-court chapitre intitulé *Des idées d'uniformité*, qui a été trop
peu remarqué et qui sert autant que d'autres chapitres plus considérables à caractériser le génie politique de Montesquieu, génie ami des
traditions et de l'histoire, ami du progrès, mais ennemi des révolutions radicales et des bouleversements *à priori*. Montesquieu, dans ce
morceau, combat par quelques phrases vives et énergiques la manie
de tout niveler, de tout ramener à un même mode d'exécution, de tout
réglementer de la même façon. « Lorsque les citoyens suivent les lois,
dit-il, qu'importe qu'ils suivent la même ? » Jamais, assurément, l'homme

qui a écrit cette phrase n'aurait inspiré les travaux de la Constituante ni la plupart des lois organiques de la Convention. Mais n'y a-t-il pas un fond de justesse dans cette antipathie si marquée et si vive de Montesquieu contre les idées d'uniformité; et ces idées n'ont-elles pas, dans leur exagération même, autant d'inconvénients que l'esprit municipal et l'esprit de localité qui a si longtemps régné au moyen âge, surtout en Italie et en Espagne, et qui a été si violemment et si absolument comprimé par la centralisation administrative que la Convention et l'Empire ont donnée à la France?

Les deux livres suivants, le xxxe et le xxxie, qui terminent l'*Esprit des lois*, ont pour objet la théorie des lois féodales chez les Francs, dans leur rapport avec l'établissement et avec les révolutions de la monarchie française. Ces deux livres forment, pour ainsi dire, un hors-d'œuvre quant au reste de l'ouvrage. Montesquieu y déploie une érudition fort peu à la mode au xviiie siècle; c'est la partie de son ouvrage qui a le moins résisté à la critique; et cela s'expliquera facilement si on se rappelle les idées que l'on se faisait en France, à cette époque, sur le moyen âge et la féodalité. La critique historique, qui a brillé d'un si vif éclat en France au commencement de ce siècle, n'était guère en honneur parmi les lettrés de 1748; et pourtant, même dans ces deux livres, on retrouve encore les qualités ordinaires de Montesquieu, sa haute pénétration historique, et sa puissance à reconstruire le passé en donnant la clef et le sens des institutions civiles et politiques.

Tel est, dans son ensemble et dans sa structure générale, l'*Esprit des lois*. L'impression qui résulte de la lecture attentive de ce beau livre a quelque chose de lumineux pour l'intelligence et de bienfaisant pour le cœur. On sent respirer à chaque page, et pour ainsi dire à chaque ligne, un souffle d'indépendance et de liberté qui transporte la pensée dans une région bien supérieure aux petites passions du jour, aux petits intérêts du moment. Le calme suprême de cette âme sereine et vraiment philosophique se reflète dans tous ses jugements, dans ses appréciations des hommes et des choses. On entrevoit, sous l'immensité de ce travail, un amour non moins immense de l'humanité, cet amour qui fut la passion sérieuse et comme l'inspiration constante du xviiie siècle. Sur les points les plus délicats, ceux qui ont été si souvent l'objet de violents débats parmi les hommes, sur la religion, sur la liberté, sur le mariage, sur le luxe, partout Montesquieu est guidé par cet esprit de tolérance et d'impartialité qui n'approuve nullement les idées fausses, qui ne légitime pas les institutions immorales ou illibérales, mais qui apprend à être indulgent pour les faiblesses de l'humanité, à tenir compte des difficultés de la vie. Sur toutes ces questions, Montesquieu donne avec vigueur des solutions presque toujours neuves et satisfaisantes; toujours il se range du côté des partisans de la liberté, à ses yeux la suprême et la seule sagesse, parce que seule elle ennoblit la destinée de l'homme en ce monde, et qu'elle crée pour lui le souverain bien, la grandeur morale, en lui donnant la force et le mérite du dévouement et du sacrifice.

Les contemporains de Montesquieu durent remarquer que ce grave magistrat ne craignait pas d'aborder, dans un livre destiné à tout le monde, des questions jusque-là réservées aux seuls hommes d'État,

ou tout au plus à quelques penseurs solitaires. De plus, il était un homme d'ordre, et son livre, si ennemi des révolutions, poussait cependant aux réformes. En mettant à nu, par une exposition savante et claire, les fondements mêmes et les plus secrets ressorts de la société, les liens réciproques qui rendent solidaires les uns des autres les divers membres de l'Etat, les différentes classes d'hommes qui le composent, Montesquieu inspirait à tous le sentiment de la fraternité.

En résumé, Montesquieu précisa mieux qu'on ne l'avait fait avant lui la portée véritable et le vrai caractère des problèmes qui constituent la science politique. Son style attirait à ces questions, non-seulement les esprits sérieux et cultivés qui s'y portent naturellement, mais encore ceux qui, plus frivoles ou plus artistes, ne peuvent étudier que les livres qu'ils admirent. Le premier, il donnait une idée nette de la liberté politique, et montrait comment on peut la réaliser dans les constitutions et dans les lois. C'est en ce sens qu'il introduisit dans notre pays, sous une forme systématique et précise que ne put jamais leur donner Voltaire, ce qu'on a appelé depuis les idées anglaises. Montesquieu laissait pressentir comment il serait possible de les appliquer à la France. Ceux qui liront le livre xi, et surtout le chap. 6 de ce livre, et qui le compareront à la Charte de 1814, verront jusqu'à quel point les hommes d'Etat de notre siècle et de notre pays ont fait des emprunts à l'*Esprit des lois*. On dirait que ce chapitre 6 est un exposé de motifs de cette Charte. Enfin, ce qui est, à notre sens, un grand mérite pour Montesquieu, c'est qu'en toutes choses il a un regard vers l'histoire, qui est pour lui non pas seulement un enseignement permanent et comme une expérience vivante, mais qui est encore le grand livre des origines où s'explique et s'éclaire le présent. Montesquieu ne voulait pas qu'un peuple, plus qu'un particulier, risquât sa fortune à la poursuite d'un progrès mal défini. Il avait trop appris, en méditant sur les causes de la grandeur et de la décadence des peuples, que rien de durable ne s'improvise dans ce monde, que tout y a besoin d'être préparé; et que si le chêne est le roi de nos forêts, si sa cime se balance jusque dans les nuages, c'est que, plus qu'aucun autre arbre, il est lent à se former et à grandir, et qu'avant d'étendre ses rameaux et de protéger de son ombre tout ce qui l'entoure, il a pu enfoncer ses racines jusque dans les entrailles de la terre.

L'*Esprit des lois* est donc à la fois une synthèse et une analyse. Le droit politique et le droit civil, l'économie politique, la religion et l'histoire y ont leur place comme dans la réalité elle-même. En traitant de tous ces grands objets de la pensée humaine, Montesquieu les envisage par le côté où ils se touchent, à savoir, dans leur rapport avec l'Etat; et peut-être doit-il à la hauteur même où il s'était placé, la rare justesse, l'impartialité philosophique de ses décisions. Comme d'un sommet élevé le spectateur aperçoit mieux que dans la plaine les ondulations du terrain et les sinuosités de l'horizon, de même l'auteur de l'*Esprit des lois* n'est ni un utopiste pur, comme Platon et Thomas Morus, ni un jurisconsulte enfermé dans les textes, comme Ulpien ou Cujas, ni un économiste, comme Quesnay ou Adam Smith, ni un théologien, comme saint Thomas ou Bossuet, ni un politique à outrance, comme Machiavel ou Commines, ni un historien érudit, mais sans signification et sans portée, comme Mezerai ou Anquetil. Il est, au point de vue où il se place, plus compréhensif, et, par cela même, plus large comme penseur, et cependant plus positif comme homme d'application. C'est là ce qui fait que rien d'étroit ni de local ne se fait jour dans les conclusions si multiples de l'*Esprit des lois*, et que ce grand monument est de ceux qui ont bien une date dans les annales de la littérature et de la librairie, mais qui, par la force de la vérité qu'ils contiennent, sont de tous les temps et appartiennent à tous les pays.

On a fait un grand nombre d'éditions des œuvres de Montesquieu. Beaucoup d'écrivains n'ont pas dédaigné de les commenter : nous citerons entre autres Voltaire, Concordet, Helvétius, d'Alembert, Mably, La Harpe, Destutt de Tracy, M. Villemain, et une foule d'autres.

Paris. — Typographie Panckoucke, rue des Poitevins, 14.